Impressum
Verlag: BABADADA GmbH, Nedderfeld 112 , 22529 Hamburg
Geschäftsführer / Verlagsleitung: Harald Hof
Druck: Books on Demand GmbH, In de Tarpen 42, 22848 Norderstedt

Imprint
Publisher: BABADADA GmbH, Nedderfeld 112 , 22529 Hamburg, Germany
Managing Director / Publishing direction: Harald Hof
Print: Books on Demand GmbH, In de Tarpen 42, 22848 Norderstedt, Germany

Schule
școală

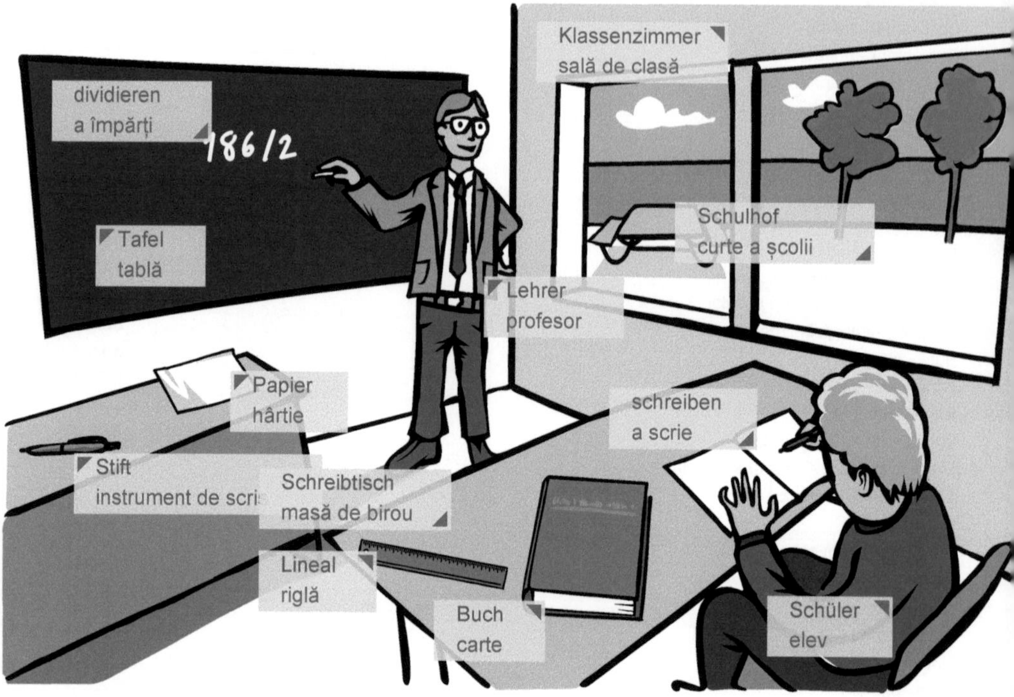

dividieren
a împărți

$186/2$

Tafel
tablă

Klassenzimmer
sală de clasă

Schulhof
curte a școlii

Lehrer
profesor

Papier
hârtie

schreiben
a scrie

Stift
instrument de scri...

Schreibtisch
masă de birou

Lineal
riglă

Buch
carte

Schüler
elev

Schultasche

ghiozdan

Federmappe

penar

Bleistift

creion

Bleistiftspitzer

ascuțitoare

Radierer

radieră

Zeichenblock

bloc de desen

Zeichnung
desen

Pinsel
pensulă

Malkasten
cutie de acuarele

Schere
foarfece

Klebstoff
lipici

Übungsheft
caiet de exerciții

Hausübung
temă

12

Zahl
număr

2+2

addieren
a aduna

5-2

subtrahieren
a scădea

2×2

multiplizieren
a multiplica

rechnen
a calcula

Buchstabe
literă

**ABCDEFG
HIJKLMN
OPQRSTU
VWXYZ**

Alphabet
alfabet

hello

Wort
cuvânt

Text

text

lesen

a citi

Kreide

cretă

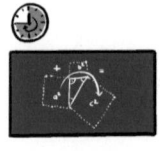

Unterrichtsstunde

oră

Klassenbuch

catalog

Prüfung

examen

Zeugnis

certificat

Schuluniform

uniformă școlară

Ausbildung

educație

Lexikon

enciclopedie

Universität

universitate

Mikroskop

microscop

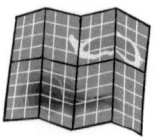

Karte

hartă

Papierkorb

coș de gunoi

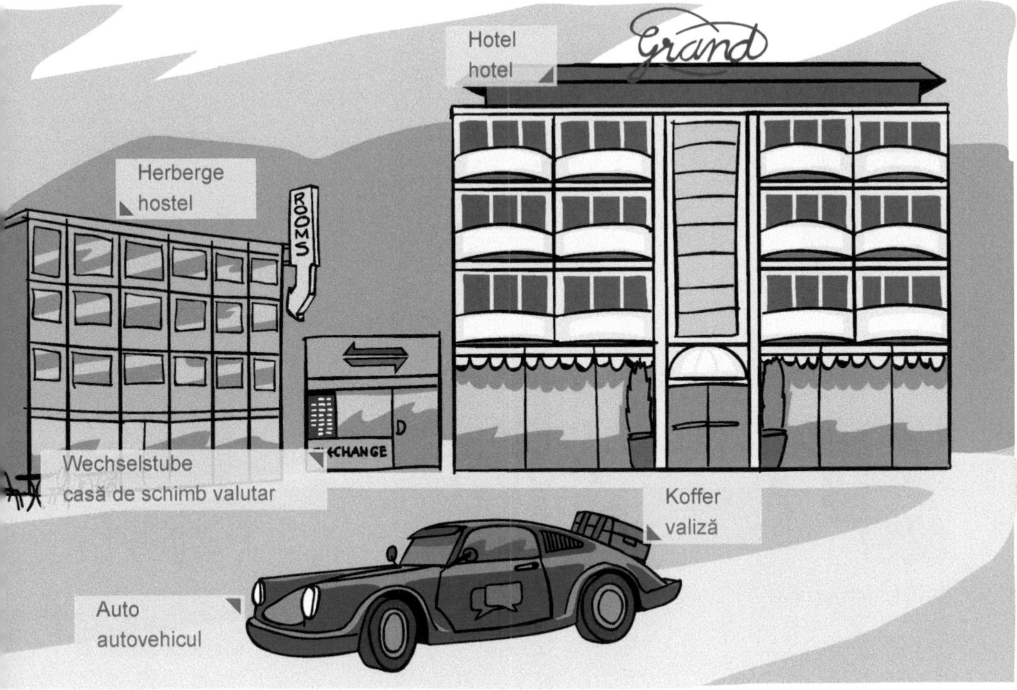

Hotel
hotel
Grand
Herberge
hostel
ROOMS
Wechselstube
casă de schimb valutar
EXCHANGE
Koffer
valiză
Auto
autovehicul

Sprache

limbă

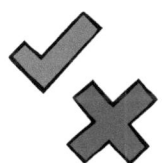

ja / nein

da/nu

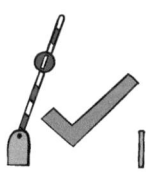

Okay

okay

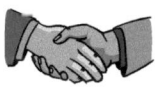

Hallo

Bună!

Dolmetscherin

interpret

Danke

mulțumesc

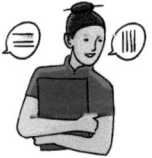

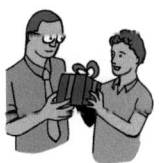

Wie viel kostet …?

Cât costă…?

Ich verstehe nicht.

Nu înțeleg

Problem

problemă

Guten Abend!

Bună seara!

Guten Morgen!

Bună dimineața!

Gute Nacht!

Noapte bună!

Auf Wiederschaun!

la revedere

Richtung

direcție

Gepäck

bagaj

Tasche

geantă

Rucksack

rucsac

Gast

oaspete

Zimmer

cameră

Schlafsack

sac de dormit

Zelt

cort

Touristeninformation

nct de informare turistică

Strand

plajă

Kreditkarte

carte de credit

Frühstück

mic dejun

Mittagessen

masa de prânz

Abendessen

cină

Fahrkarte

bilet de călătorie

Lift

lift

Briefmarke

timbru poștal

Grenze

graniță

Zoll

vamă

Botschaft

ambasadă

Visum

viză

Pass

pașaport

Transport

transport

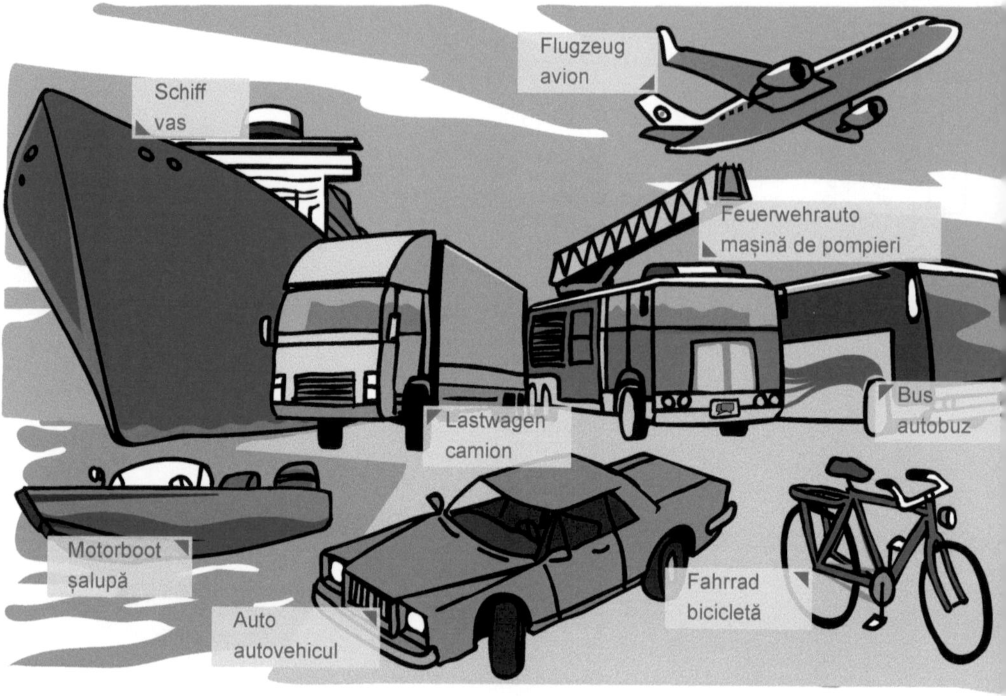
Schiff
vas
Flugzeug
avion
Feuerwehrauto
mașină de pompieri
Bus
autobuz
Lastwagen
camion
Motorboot
șalupă
Auto
autovehicul
Fahrrad
bicicletă

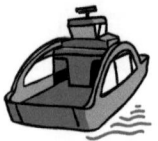

Fähre

feribot

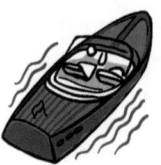

Boot

barcă

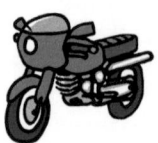

Motorrad

motocicletă

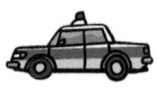

Polizeiauto

mașină de poliție

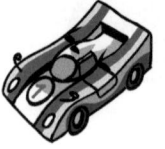

Rennauto

mașină de curse

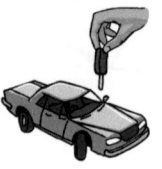

Mietwagen

mașină închiriată

Carsharing

car sharing

Abschleppwagen

mașină de tractat

Müllwagen

mașină de gunoi

Motor

motor

Kraftstoff

combustibil

Tankstelle

benzinărie

Verkehrsschild

semn de circulație

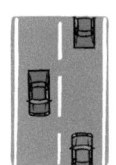

Verkehr

trafic

Stau

ambuteiaj

Parkplatz

parcare

Bahnhof

gară

Schienen

șine

Zug

tren

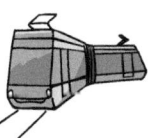

Straßenbahn

tramvai

Wagon

vagon

Hubschrauber

elicopter

Flughafen

aeroport

Tower

turn

Passagier

pasager

Container

container

Karton

carton

Rollwagen

căruță

Korb

coș

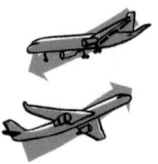

starten / landen

a decola/a ateriza

Stadt

oraș

Dorf

sat

Stadtzentrum

centru

Haus

casă

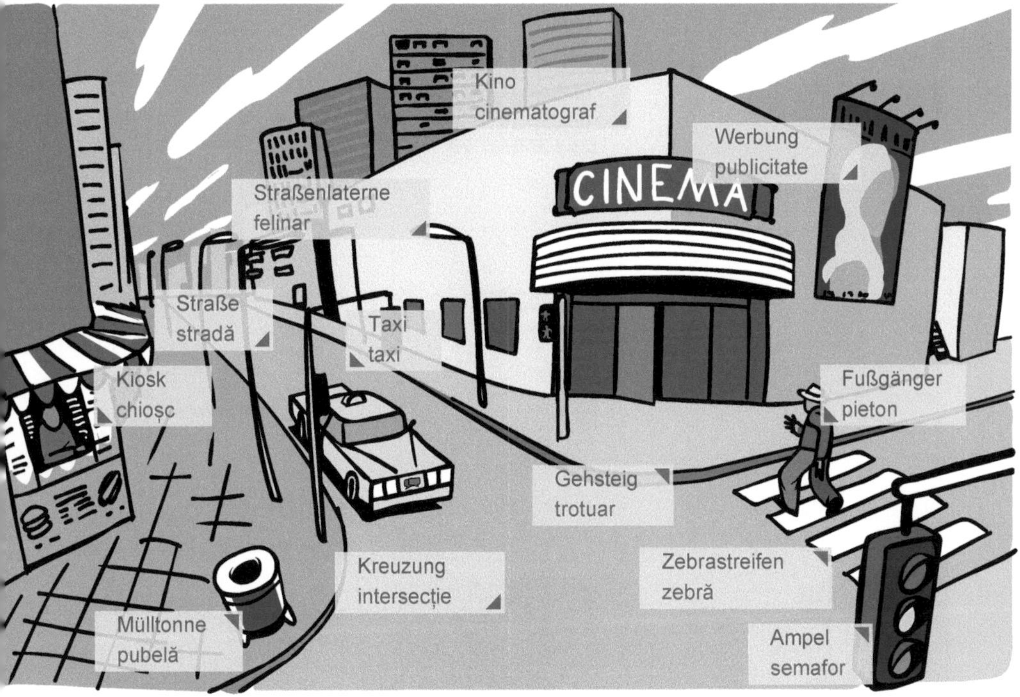

Kino
cinematograf

Werbung
publicitate

Straßenlaterne
felinar

Straße
stradă

Taxi
taxi

Kiosk
chioşc

Fußgänger
pieton

Gehsteig
trotuar

Kreuzung
intersecţie

Zebrastreifen
zebră

Mülltonne
pubelă

Ampel
semafor

CINEMA

Hütte

cabană

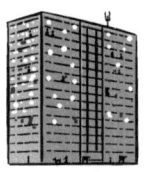

Wohnung

apartament

Bahnhof

gară

Rathaus

primărie

Museum

muzeu

Schule

şcoală

Universität	Bank	Spital
universitate	bancă	spital

Hotel	Apotheke	Büro
hotel	farmacie	birou

Buchhandlung	Geschäft	Blumenladen
librărie	magazin	florărie

Supermarkt	Markt	Kaufhaus
supermarket	piață	magazin universal

Fischhändler	Einkaufszentrum	Hafen
comerciant de pește	centru comercial	port

Park
parc

Bank
bancă

Brücke
pod

Stiege
trepte

U-Bahn
metrou

Tunnel
tunel

Bushaltestelle
stație de autobuz

Bar
bar

Restaurant
restaurant

Briefkasten
cutie poștală

Straßenschild
tăbliță indicatoare cu
numele străzii

Parkuhr
parcometru

Zoo
grădină zoologică

Badeanstalt
piscină

Moschee
moschee

Stadt - oraș

Bauernhof

gospodărie țărănească

Umweltverschmutzung

poluare

Friedhof

cimitir

Kirche

biserică

Spielplatz

loc de joacă

Tempel

templu

Landschaft
peisaj

Blatt
frunză

Wegweiser
indicator

Weg
drum

Wiese
pajiște

Stein
piatră

Baum
copac

Wanderer
drumeț

Fluss
râu

Gras
iarbă

Blume
floare

Tal
vale

Hügel
deal

See
lac

Wald
pădure

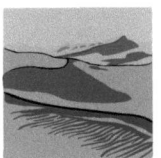

Wüste
deșert

Vulkan
vulcan

Schloss
castel

Regenbogen
curcubeu

Pilz
ciupercă

Palme
palmier

Moskito
țânțar

Fliege
muscă

Ameise
furnică

Biene
albină

Spinne
păianjen

Landschaft - peisaj

Käfer

gândac

Frosch

broască

Eichhörnchen

veveriță

Igel

arici

Hase

iepure

Eule

bufniță

Vogel

pasăre

Schwan

lebădă

Wildschwein

porc mistreț

Hirsch

cerb

Elch

elan

Staudamm

dig

Windrad

turbină eoliană

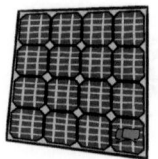

Solarmodul

panou solar

Klima

climă

Restaurant
restaurant

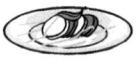

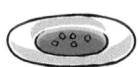

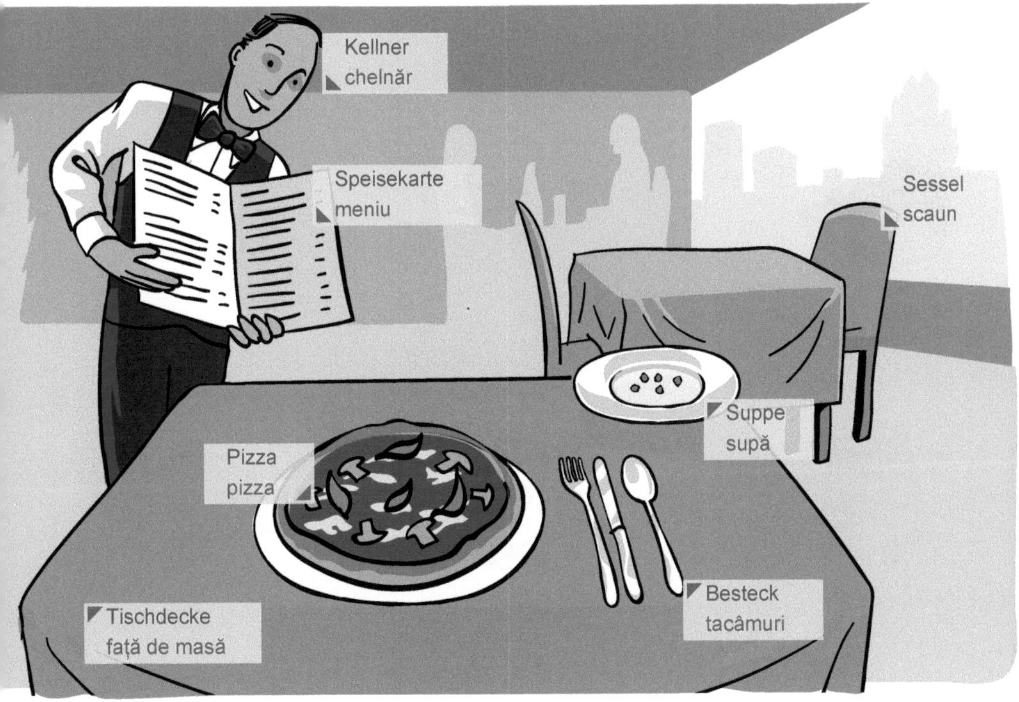

Kellner
chelnăr
Speisekarte
meniu
Sessel
scaun
Suppe
supă
Pizza
pizza
Besteck
tacâmuri
Tischdecke
față de masă

Vorspeise
antreu

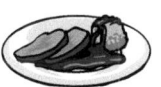

Hauptgericht
fel principal

Nachspeise
desert

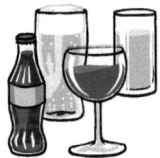

Getränke
băuturi

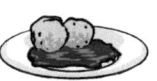

Essen
mâncare

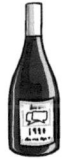

Flasche
sticlă

Fastfood

fastfood

Streetfood

streetfood

Teekanne

ceainic

Zuckerdose

zaharniță

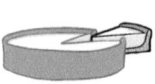

Portion

porție

Espressomaschine

espressor

Kinderstuhl

scaun înalt (pentru copii)

Rechnung

factură

Tablett

tavă

Messer

cuțit

Gabel

furculiță

Löffel

lingură

Teelöffel

linguriță

Serviette

șervețel

Glas

pahar

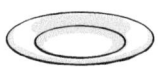

Teller

farfurie

Suppenteller

farfurie de supă

Untertasse

farfurie

Sauce

sos

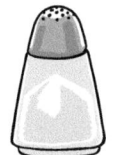

Salzstreuer

solniță

Pfeffermühle

râșniță de piper

Essig

oțet

Öl

ulei

Gewürze

condimente

Ketchup

ketchup

Senf

muștar

Mayonnaise

maioneză

Supermarkt
supermarket

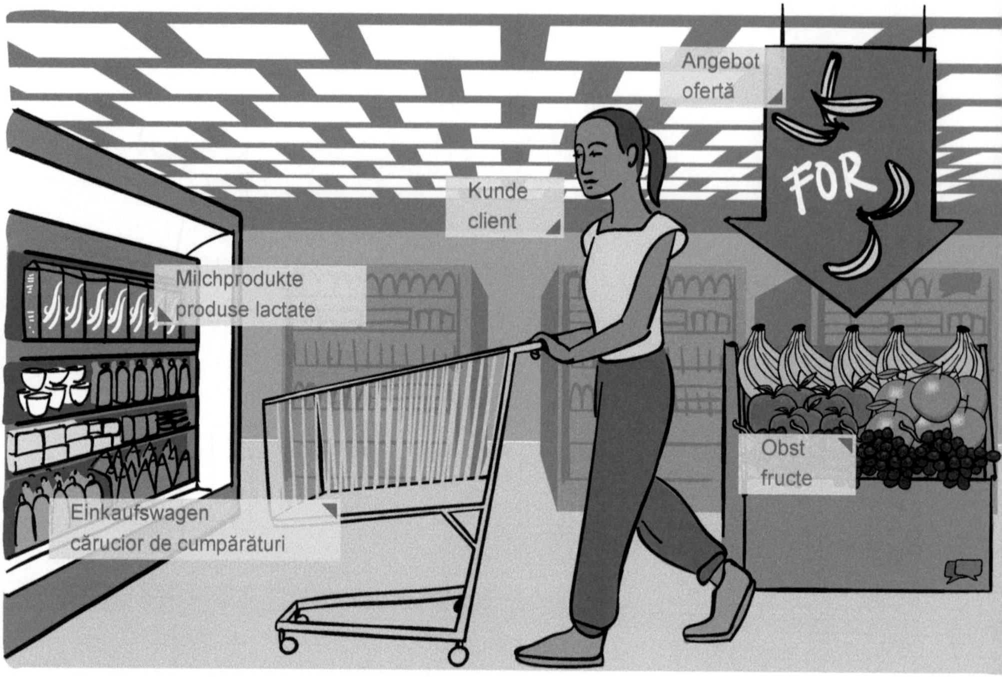

Angebot
ofertă
FOR
Kunde
client
Milchprodukte
produse lactate
Obst
fructe
Einkaufswagen
cărucior de cumpărături

BUTCHERS

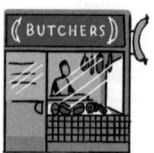

Schlachterei

măcelărie

BAKERY

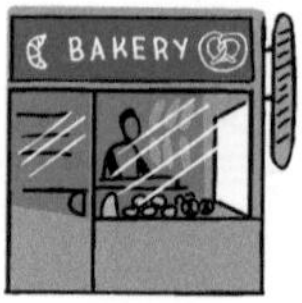

Bäckerei

brutărie

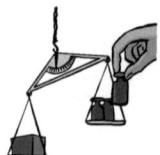

wiegen

a cântări

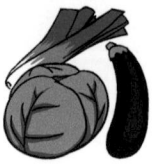

Gemüse

legume

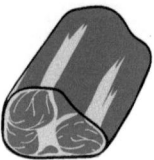

Fleisch

carne

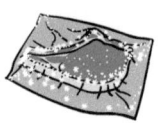

Tiefkühlkost

alimente refrigerate

Aufschnitt

zeluri și brânzeturi feliate

Konserven

conserve

Waschmittel

detergent

Süßigkeiten

dulciuri

Haushaltsartikel

articole de menaj

Reinigungsmittel

produse de curățenie

Verkäuferin

vânzătoare

Kassa

casă

Kassiererin

casier

Einkaufsliste

listă de cumpărături

Öffnungszeiten

orar

Brieftasche

portmoneu

Kreditkarte

carte de credit

Tasche

geantă

Plastiktüte

pungă de plastic

Wasser

apă

Saft

suc

Milch

lapte

Cola

cola

Wein

vin

Bier

bere

Alkohol

alcool

Kakao

cacao

Tee

ceai

Kaffee

cafea

Espresso

espresso

Cappuccino

cappucino

Banane

banane

Apfel

măr

Orange

portocală

Melone

pepene

Zitrone

lămâie

Karotte

morcov

Knoblauch

usturoi

Bambus

bambus

Zwiebel

ceapă

Pilz

ciupercă

Nüsse

nucl

Nudeln

paste făinoase

Spaghetti

spagheti

Reis

orez

Salat

salată

Pommes frites

cartofi prăjiți

Bratkartoffeln

cartofi țărănești

Pizza

pizza

Hamburger

hamburger

Sandwich

sandwich

Schnitzel

șnițel

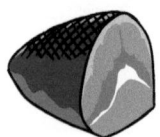

Schinken

șuncă

Salami

salam

Wurst

cârnați

Huhn

pui

Braten

friptură

Fisch

pește

24   Essen - mâncare

Haferflocken

fulgi de ovăz

Müsli

musli

Cornflakes

cereale

Mehl

făină

Croissant

corn

Semmel

chifle

Brot

pâine

Toast

pâine prăjită

Kekse

biscuiți

Butter

unt

Topfen

brânză de vaci

Kuchen

prăjitură

Ei

ou

Spiegelei

ouă ochiuri

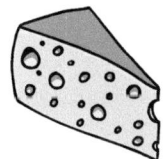

Käse

brânză

Eiscreme

îngheţată

Zucker

zahăr

Honig

miere

Marmelade

marmeladă

Schokoladenaufstrich

cremă nuga

Curry

curry

Bauernhof
gospodărie țărănească

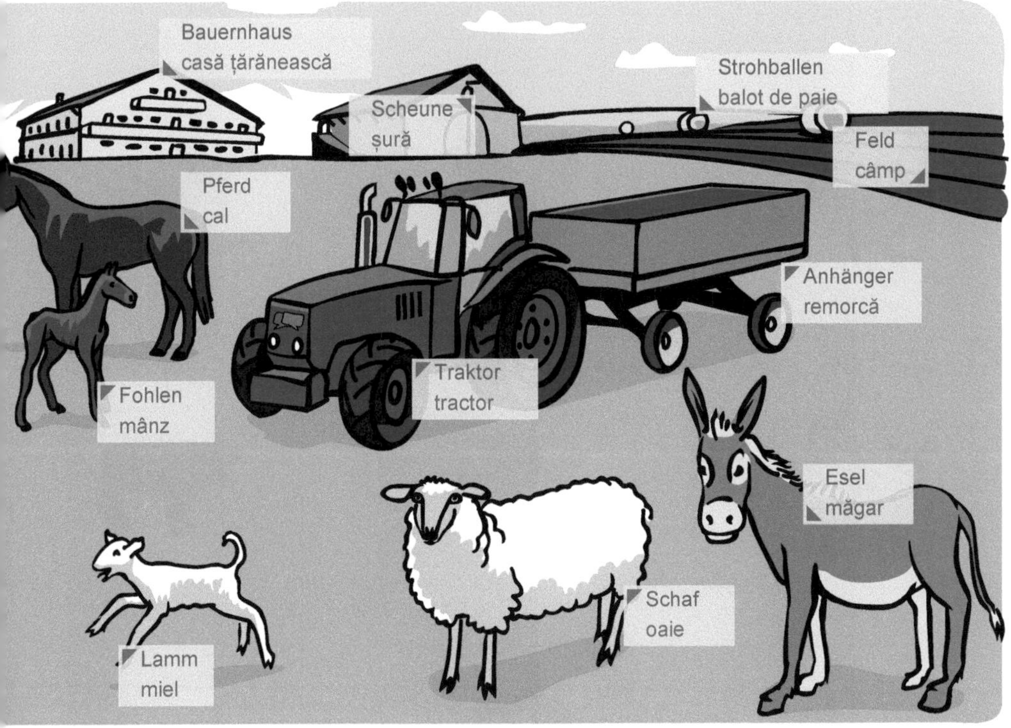
Bauernhaus
casă țărănească
Scheune
șură
Strohballen
balot de paie
Feld
câmp
Pferd
cal
Anhänger
remorcă
Traktor
tractor
Fohlen
mânz
Esel
măgar
Schaf
oaie
Lamm
miel

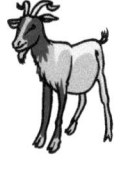

Ziege
capră

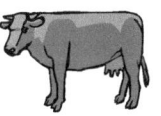

Kuh
vacă

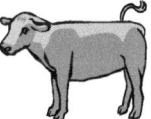

Kalb
vițel

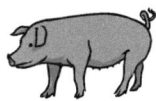

Schwein
porc

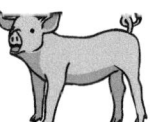

Ferkel
purcel

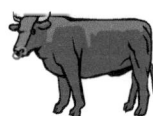

Stier
taur

Gans

găină

Ente

rață

Küken

pui

Huhn

găină

Hahn

cocoș

Ratte

șobolan

Katze

pisică

Maus

șoarece

Ochse

bou

Hund

câine

Hundehütte

cușcă

Gartenschlauch

furtun de grădină

Gießkanne

stropitoare

Sense

coasă

Pflug

plug

Bauernhof - gospodărie țărănească

Sichel

seceră

Hacke

sapă

Mistgabel

furcă

Axt

secure

Schubkarre

roabă

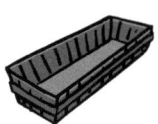

Trog

troacă

Milchkanne

cană pentru lapte

Sack

sac

Zaun

gard

Stall

grajd

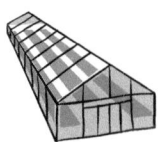

Treibhaus

seră

Boden

sol

Saat

sămânță

Dünger

fertilizator

Mähdrescher

combină de treierat

ernten

a culege

Ernte

recoltă

Yamswurzel

cartof yam

Weizen

grâu

Soja

soia

Erdapfel

cartof

Mais

porumb

Raps

rapiță

Obstbaum

pom fructifer

Maniok

manioc

Getreide

cereale

Haus
casă

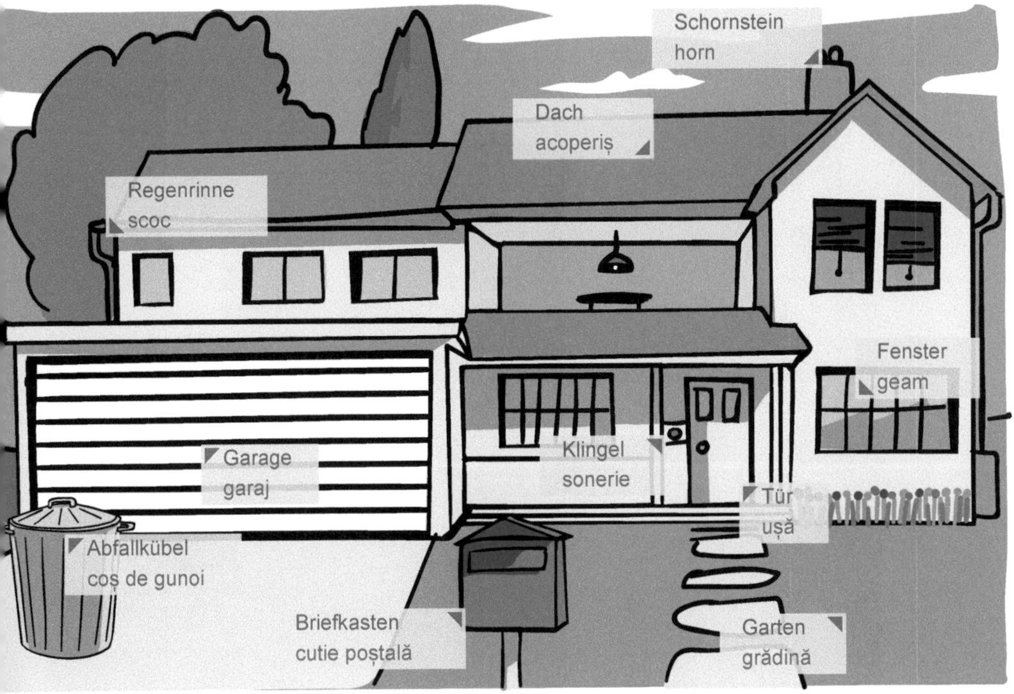

Schornstein
horn
Dach
acoperiș
Regenrinne
scoc
Fenster
geam
Klingel
sonerie
Garage
garaj
Tür
ușă
Abfallkübel
coș de gunoi
Briefkasten
cutie poștală
Garten
grădină

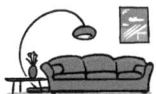

Wohnzimmer

cameră de zi

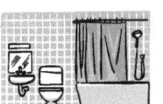

Badezimmer

baie

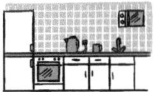

Küche

bucătărie

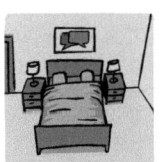

Schlafzimmer

dormitor

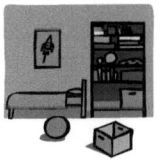

Kinderzimmer

camera copiilor

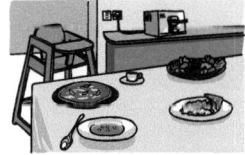

Esszimmer

sufragerie

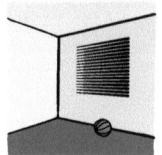

Boden

podea

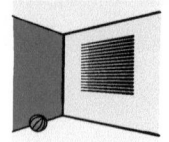

Wand

perete

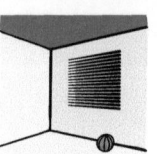

Decke

tavan

Keller

pivniță

Sauna

saună

Balkon

balcon

Terrasse

terasă

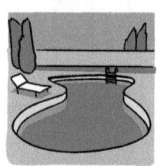

Schwimmbad

piscină

Rasenmäher

mașină de tuns iarba

Bettbezug

cearșaf

Bettdecke

cuvertură

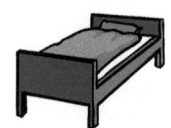

Bett

pat

Besen

mătură

Kübel

găleată

Schalter

întrerupător

Wohnzimmer
cameră de zi

Tapete
tapet
Bild
pictură
Lampe
lampă
Regal
raft
Schrank
dulap
Fernseher
televizor
Kamin
șemineu
Blume
floare
Polster
pernă
Sofa
sofa
Vase
vază
Fernbedienung
telecomandă

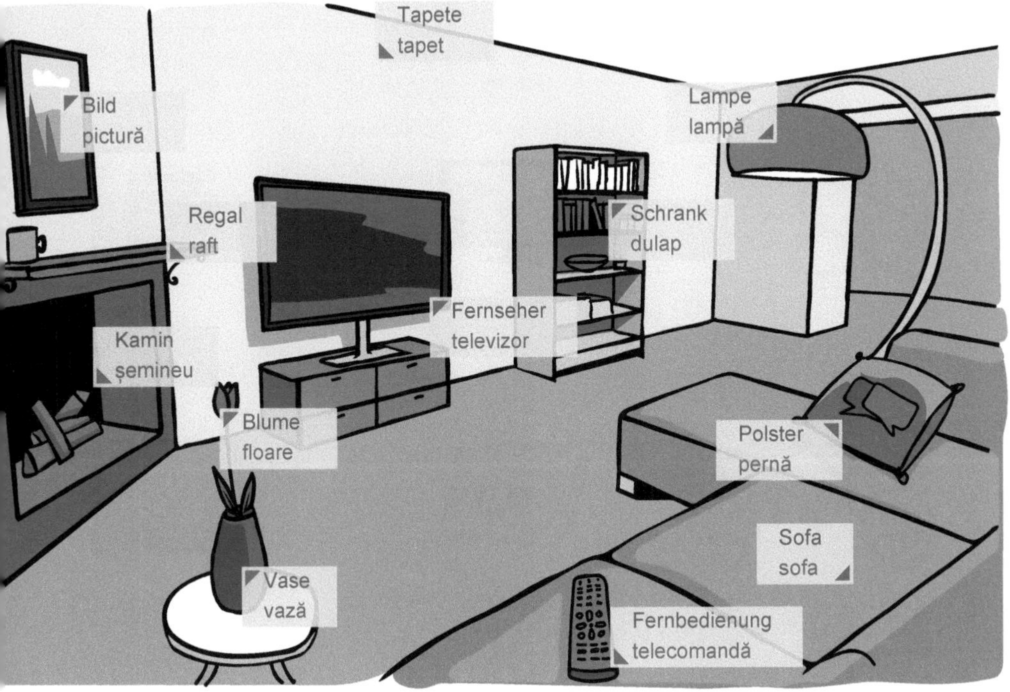

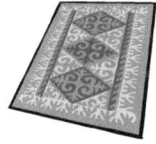

Teppich

covor

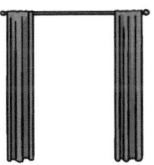

Vorhang

perdea

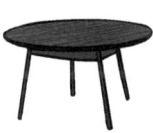

Tisch

masă

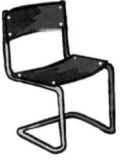

Sessel

scaun

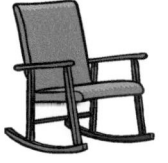

Schaukelstuhl

balansoar

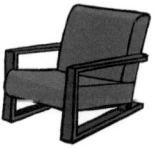

Sessel

fotoliu

Buch

carte

Decke

pătură

Dekoration

decoraţiune

Feuerholz

lemn de foc

Film

film

Stereoanlage

instalaţie stereo

Schlüssel

cheie

Zeitung

ziar

Gemälde

desen

Poster

poster

Radio

radio

Notizblock

caiet de notiţe

Staubsauger

aspirator

Kaktus

cactus

Kerze

lumânare

Küche
bucătărie

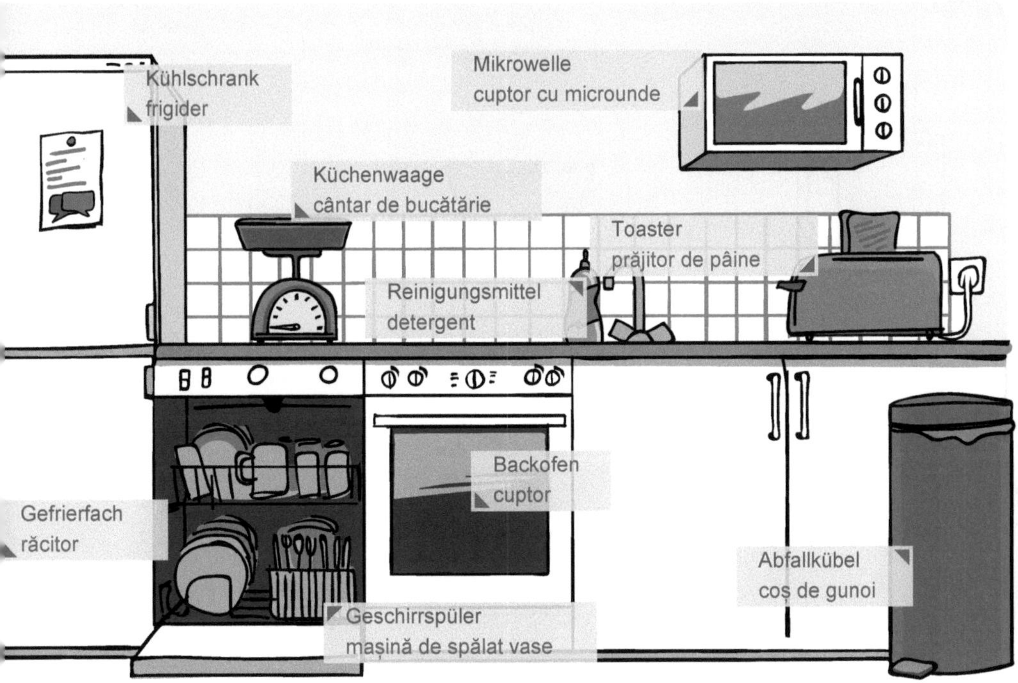

Kühlschrank
frigider
Mikrowelle
cuptor cu microunde
Küchenwaage
cântar de bucătărie
Toaster
prăjitor de pâine
Reinigungsmittel
detergent
Backofen
cuptor
Gefrierfach
răcitor
Abfallkübel
coș de gunoi
Geschirrspüler
mașină de spălat vase

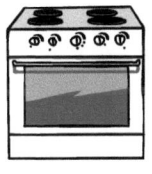

Herd
cuptor

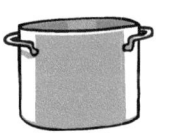

Topf
oală

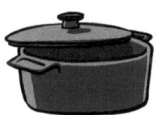

Eisentopf
oală de metal

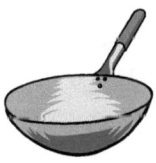

Wok / Kadai
wok/kadai

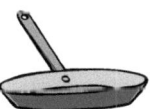

Pfanne
tigaie

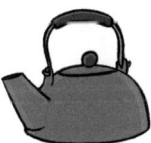

Wasserkocher
ceainic

Dampfgarer

oală de gătit cu aburi

Backblech

tavă de copt

Geschirr

veselă

Becher

pahar

Schale

bol

Essstäbchen

bețișoare

Schöpflöffel

polonic

Pfannenwender

spatulă

Schneebesen

tel

Kochsieb

sită

Sieb

sită

Reibe

răzătoare

Mörser

mojar

Grill

grătar

Kaminfeuer

loc pentru grătar

Schneidebrett

tocător

Nudelholz

sucitor

Korkenzieher

tirbușon

Dose

conservă

Dosenöffner

deschizător de conserve

Topflappen

șervete termice

Waschbecken

chiuvetă

Bürste

perie

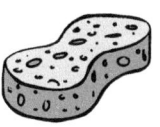

Schwamm

burete

Mixer

mixer

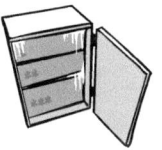

Gefriertruhe

ladă frigorifică

Babyflasche

biberon

Wasserhahn

robinet

Badezimmer
baie

Heizung
încălzire
Handtuch
prosop
Dusche
duș
Duschvorhang
perdea de duș
Schaumbad
baie cu spumă
Badewanne
cadă
Glas
pahar
Waschmaschine
mașină de spălat
Wasserhahn
robinet
Fliesen
gresie
Nachttopf
oală de noapte
Waschbecken
chiuvetă

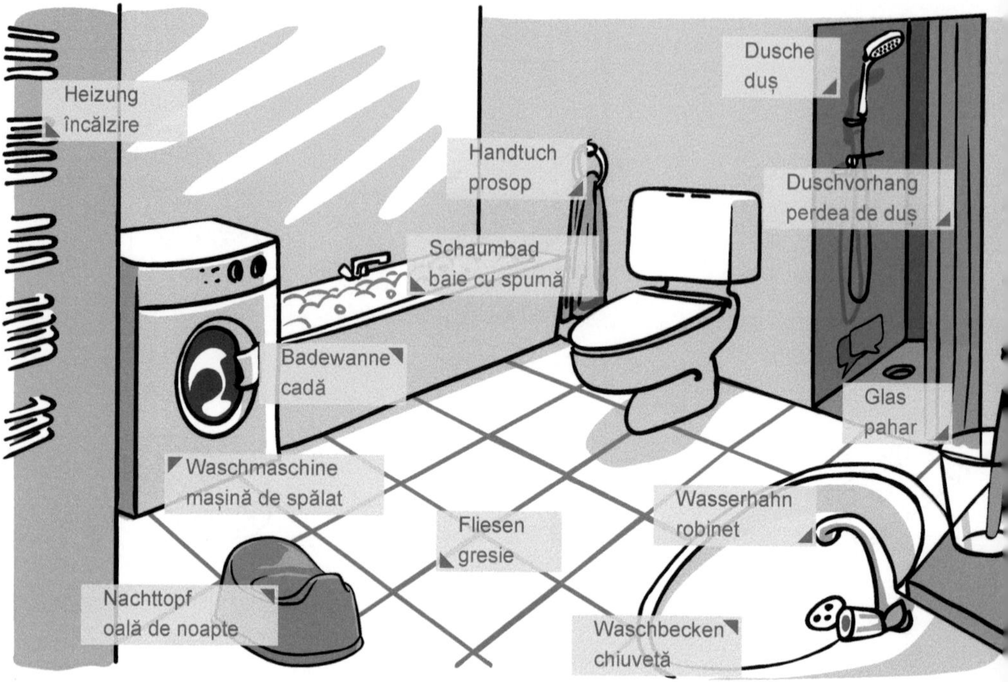

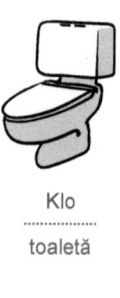

Klo

toaletă

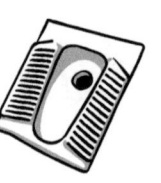

Hocktoilette

toaletă turcescă

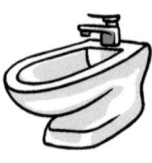

Bidet

bideu

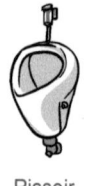

Pissoir

pisoir

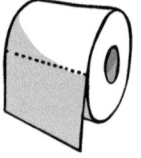

Klopapier

hârtie igienică

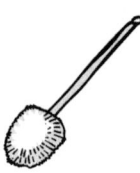

Klobürste

perie de toaletă

Zahnbürste

periuță de dinți

Zahnpasta

pastă de dinți

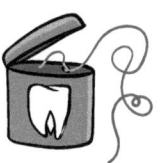

Zahnseide

ață dentară

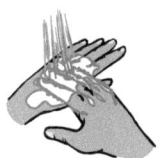

waschen

a spăla

Handbrause

cap de duș

Intimdusche

duș intim

Waschschüssel

lavoar

Rückenbürste

perie pentru spate

Seife

săpun

Duschgel

gel de duș

Shampoo

șampon

Waschlappen

cârpă de spălat

Abfluss

scurgere

Creme

cremă

Deodorant

deodorant

Spiegel

oglindă

Kosmetikspiegel

oglindă cosmetică

Rasierer

aparat de ras

Rasierschaum

spumă de ras

Rasierwasser

aftershave

Kamm

pieptene

Bürste

perie

Föhn

uscător de păr

Haarspray

fixator

Makeup

machiaj

Lippenstift

ruj

Nagellack

lac de unghii

Watte

vată

Nagelschere

foarfece de unghii

Parfum

parfum

Kulturbeutel

neseser

Hocker

taburet

Waage

cântar

Bademantel

halat de baie

Gummihandschuhe

mănuși de cauciuc

Tampon

tampon

Damenbinde

tampon

Chemietoilette

toaletă chimică

Kinderzimmer

camera copiilor

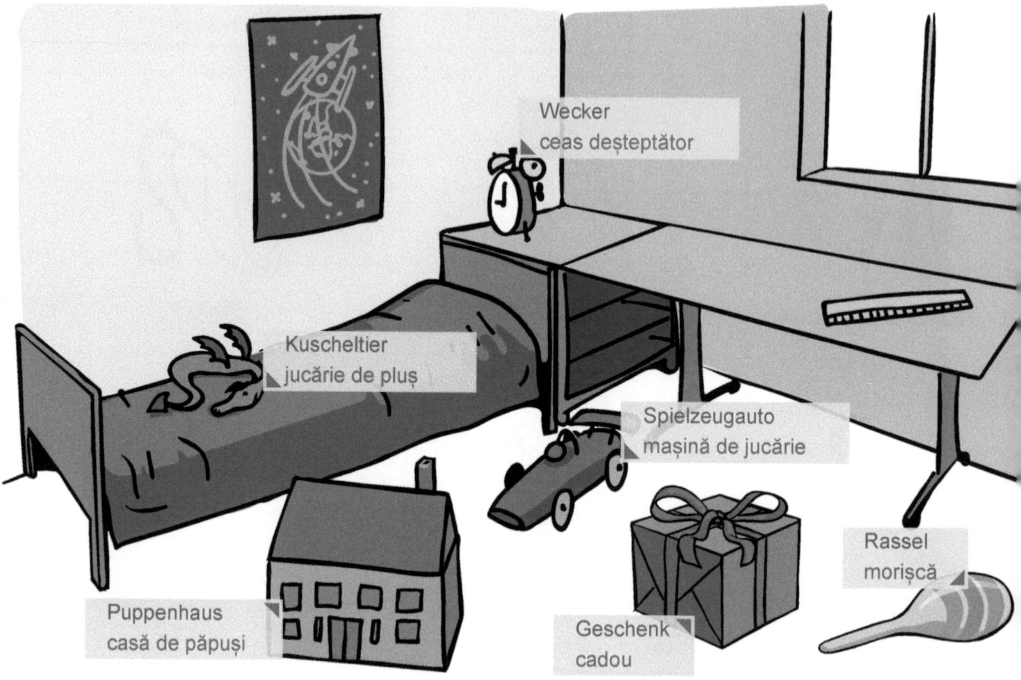

Wecker
ceas deșteptător
Kuscheltier
jucărie de pluș
Spielzeugauto
mașină de jucărie
Rassel
morișcă
Puppenhaus
casă de păpuși
Geschenk
cadou

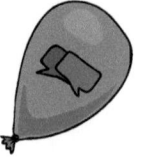

Ballon

balon

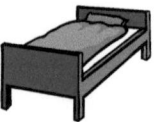

Bett

pat

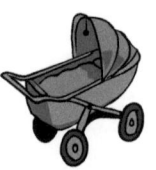

Kinderwagen

cărucior de copii

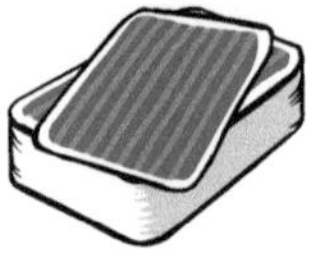

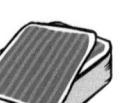

Kartenspiel

joc de cărți

Puzzle

puzzle

SUPER
MEGA

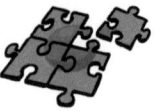

Comic

revistă de benzi desenate

Legosteine

cuburi lego

Bausteine

piese pentru construcții

Actionfigur

personaj din filmele de
acțiune

Strampelanzug

body

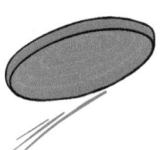

Frisbee

frisbee

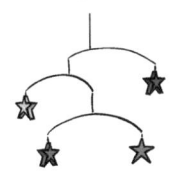

Mobile

mobil

Brettspiel

joc de societate

Würfel

zar

Modelleisenbahn

set trenuleț de jucărie

Schnuller

suzetă

Party

petrecere

Bilderbuch

carte cu poze

Ball

minge

Puppe

păpușă

spielen

a se juca

Sandkasten

groapă de nisip

Schaukel

leagăn

Spielzeug

jucării

Spielkonsole

consolă video

Dreirad

tricicletă

Teddy

ursuleț

Kleiderschrank

dulap

Kleidung

îmbrăcăminte

Socken

șosete

Strümpfe

ciorapi

Strumpfhose

dres

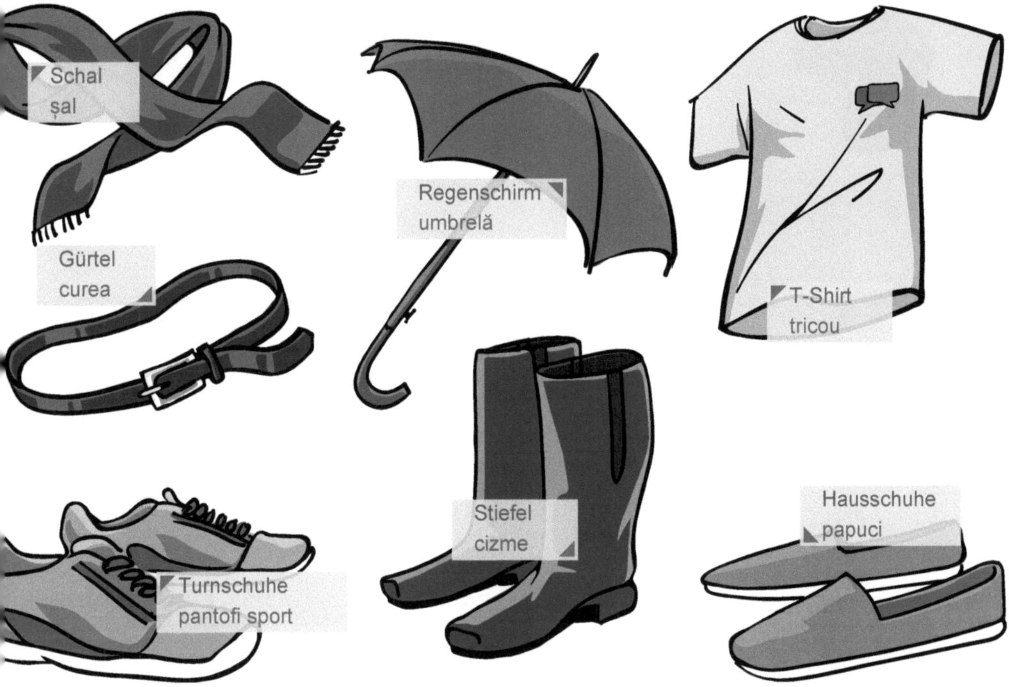

Schal
şal

Gürtel
curea

Regenschirm
umbrelă

T-Shirt
tricou

Turnschuhe
pantofi sport

Stiefel
cizme

Hausschuhe
papuci

Sandalen
....
sandale

Schuhe
....
încălțăminte

Gummistiefel
....
cizme de cauciuc

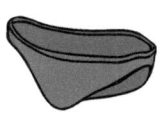

Unterhose
....
chilot

Büstenhalter
....
sutien

Unterhemd
....
maiou

Body

body

Hose

pantaloni

Jeans

blugi

Rock

fustă

Bluse

bluză

Hemd

cămașă

Pullover

pulover

Kapuzenpullover

jerseu

Blazer

sacou

Jacke

jachetă

Mantel

palton

Regenmantel

pelerină de ploaie

Kostüm

costum

Kleid

rochie

Hochzeitskleid

rochie de mireasă

Anzug

costum

Nachthemd

cămașă de noapte

Pyjama

pijama

Sari

sari

Kopftuch

batic

Turban

turban

Burka

burka

Kaftan

caftan

Abaya

abaya

Badeanzug

costum de baie

Badehose

șort

kurze Hose

pantaloni scurți

Jogginganzug

trening

Schürze

șorț

Handschuhe

mănuși

Knopf

nasture

Brille

ochelari

Armband

brățară

Halskette

lanț

Ring

inel

Ohrring

cercel

Mütze

căciulă

Kleiderbügel

umeraș

Hut

pălărie

Krawatte

cravată

Reißverschluss

fermoar

Helm

cască

Hosenträger

bretele

Schuluniform

uniformă școlară

Uniform

uniformă

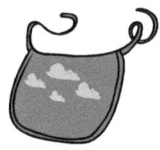

Lätzchen

baveţică

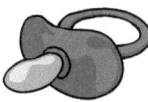

Schnuller

suzetă

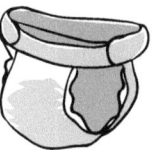

Windel

scutec

Büro

birou

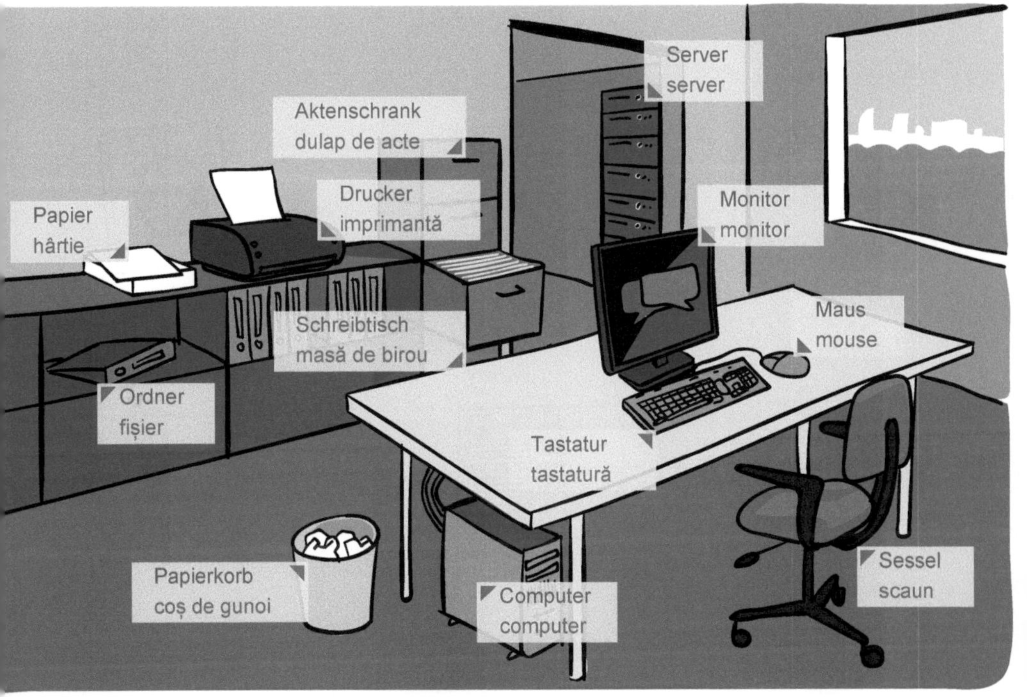

Server
server
Aktenschrank
dulap de acte
Drucker
imprimantă
Papier
hârtie
Monitor
monitor
Maus
mouse
Schreibtisch
masă de birou
Ordner
fişier
Tastatur
tastatură
Papierkorb
coş de gunoi
Computer
computer
Sessel
scaun

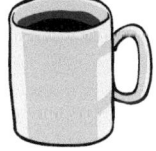

Kaffeebecher

ceaşcă de cafea

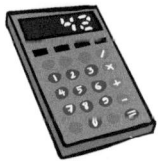

Taschenrechner

calculator

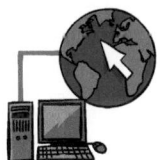

Internet

internet

Laptop

laptop

Brief

scrisoare

Nachricht

mesaj

Handy

telefon mobil

Netzwerk

rețea

Kopierer

copiator

Software

software

Telefon

telefon

Steckdose

priză

Fax

fax

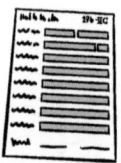

Formular

formular

Dokument

document

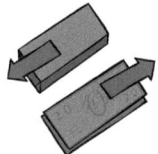

kaufen

a cumpăra

bezahlen

a plăti

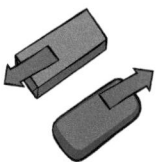

handeln

a face comerţ

Geld

bani

USD

Dollar

Dolar

EUR

Euro

Euro

JPY

Yen

Yen

RUB

Rubel

Rublă

CHF

Franken

Franc Elveţian

CNY

Renminbi Yuan

renminbi yuan

INR

Rupie

Rupie

Bankomat

bancomat

Wechselstube

casă de schimb valutar

Gold

aur

Silber

argint

Öl

petrol

Energie

energie

Preis

preț

Vertrag

contract

Steuer

impozit

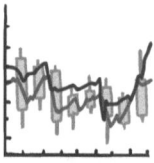

Aktie

acțiune

arbeiten

a munci

Angestellte

angajat

Arbeitgeber

angajator

Fabrik

fabrică

Geschäft

magazin

Berufe
ocupații

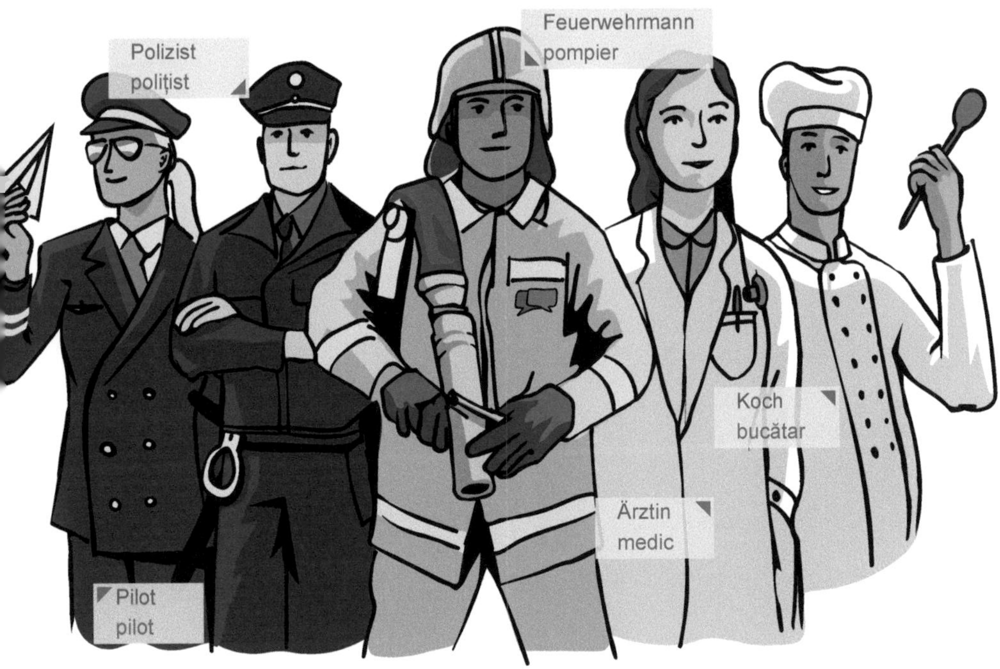
Feuerwehrmann
pompier
Polizist
polițist
Koch
bucătar
Ärztin
medic
Pilot
pilot

Gärtner

grădinar

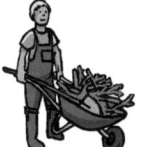

Tischler

tâmplar

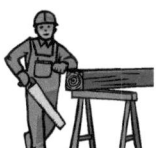

Schneiderin

cusătoreasă

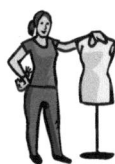

Richter

judecător

Chemikerin

chimist

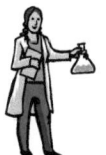

Schauspieler

actor

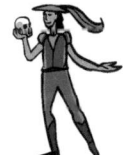

Busfahrer

șofer de autobuz

Taxifahrer

șofer de taxi

Fischer

pescar

Putzfrau

femeie de serviciu

Dachdecker

tinichigiu

Kellner

chelnăr

Jäger

vânător

Maler

pictor

Bäcker

brutar

Elektriker

electrician

Bauarbeiter

muncitor în construcții

Ingenieur

inginer

Schlachter

măcelar

Installateur

instalator

Briefträgerin

poștaș

Berufe - ocupații

Soldat

soldat

Architekt

arhitect

Kassiererin

casier

Blumenhändlerin

florar

Friseur

frizer

Schaffner

controlor

Mechaniker

mecanic

Kapitän

căpitan

Zahnärztin

stomatolog

Wissenschaftler

om de știință

Rabbi

rabin

Imam

imam

Mönch

călugăr

Pfarrer

preot

Werkzeuge
instrumente

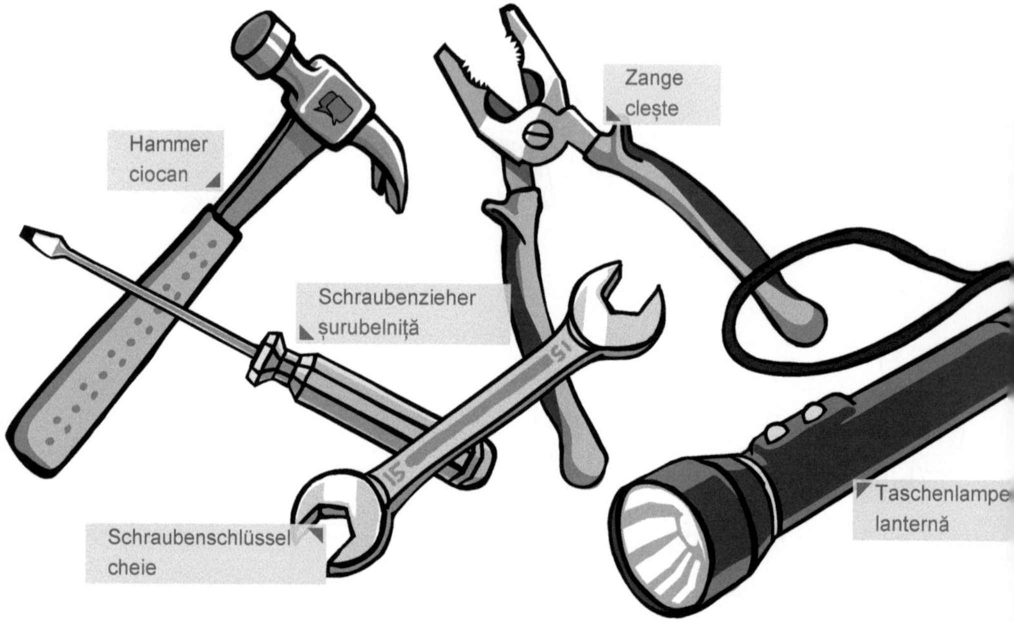
Zange
clește
Hammer
ciocan
Schraubenzieher
șurubelniță
Taschenlampe
lanternă
Schraubenschlüssel
cheie

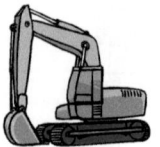

Bagger

excavator

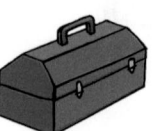

Werkzeugkasten

cutie de scule

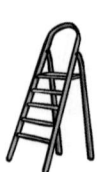

Leiter

scară

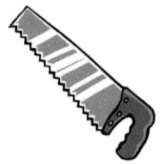

Säge

ferăstrău

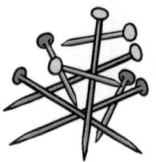

Nägel

cuie

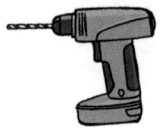

Bohrer

burghiu

reparieren

a repara

Schaufel

lopată

Scheiße!

La naiba!

Kehrschaufel

făraş

Farbtopf

vas pentru vopsea

Schrauben

şuruburi

Musikinstrumente
instrumente muzicale

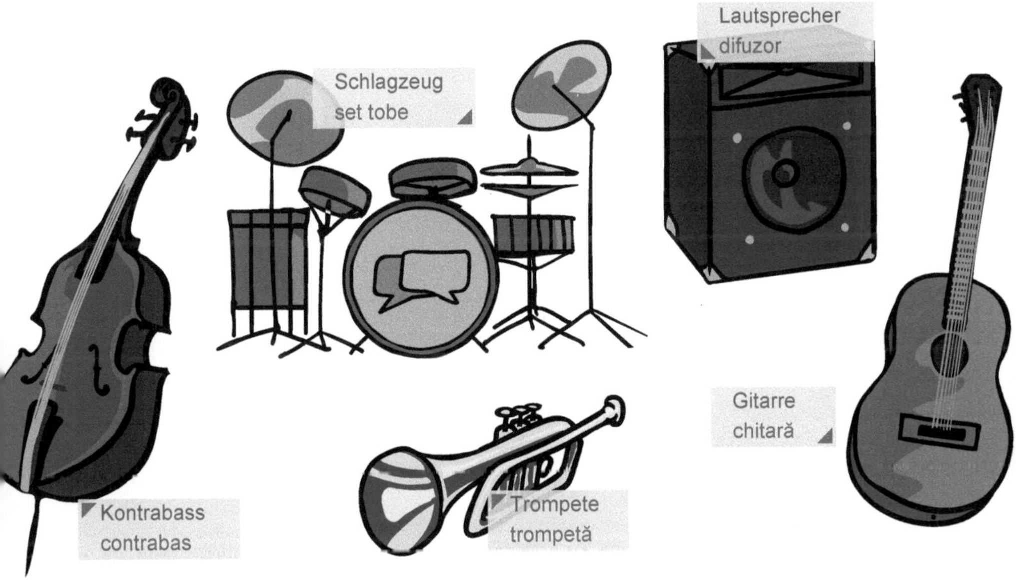

Schlagzeug
set tobe

Lautsprecher
difuzor

Gitarre
chitară

Kontrabass
contrabas

Trompete
trompetă

Klavier

pian

Violine

vioară

Bass

bas

Pauke

trombon

Trommeln

tobă

Tastatur

keyboard

Saxophon

saxofon

Flöte

fluier

Mikrofon

microfon

Zoo

grădină zoologică

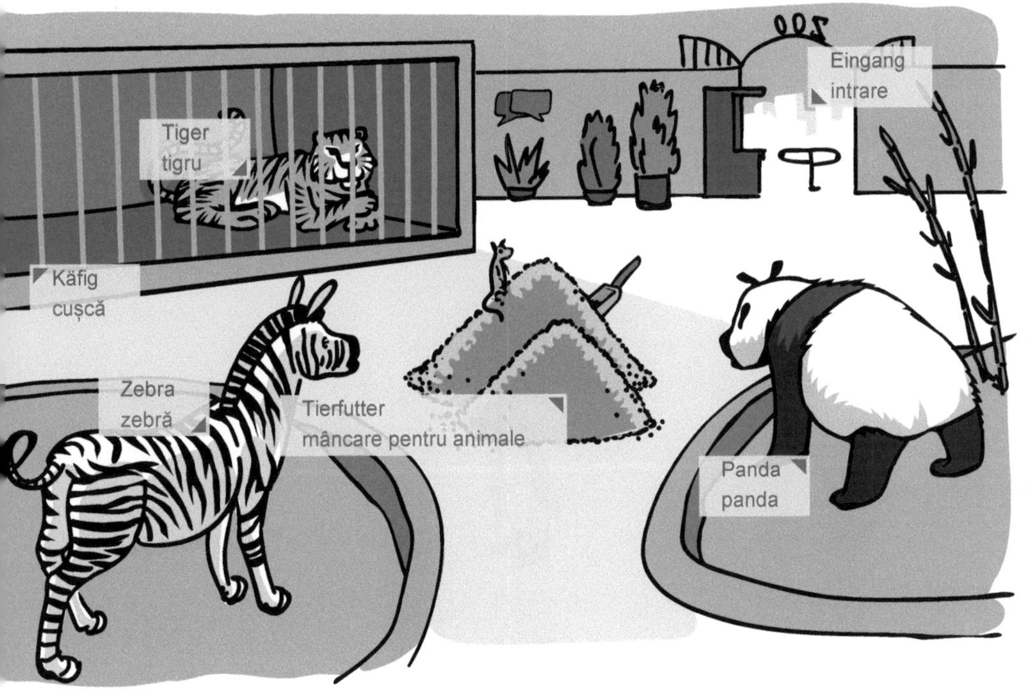
Tiger
tigru
Käfig
cușcă
Zebra
zebră
Tierfutter
mâncare pentru animale
Panda
panda
Eingang
intrare

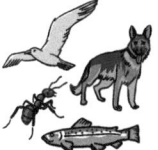

Tiere

animale

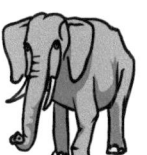

Elefant

elefant

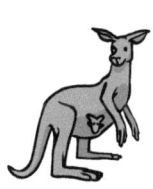

Känguru

cangur

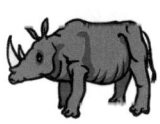

Nashorn

rinocer

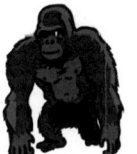

Gorilla

gorilă

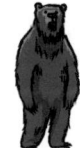

Bär

urs

Kamel

cămilă

Strauß

struț

Löwe

leu

Affe

maimuță

Flamingo

flamingo

Papagei

papagal

Eisbär

urs polar

Pinguin

pinguin

Hai

rechin

Pfau

păun

Schlange

șarpe

Krokodil

crocodil

Zoowärter

îngrijitor grădina zoologică

Robbe

focă

Jaguar

jaguar

Pony
ponei

Leopard
leopard

Nilpferd
hipopotam

Giraffe
girafă

Adler
acvilă

Wildschwein
porc mistreţ

Fisch
peşte

Schildkröte
broască ţestoasă

Walross
morsă

Fuchs
vulpe

Gazelle
gazelă

American Football
fotbal american

Radfahren
ciclism

Tennis
tenis

Basketball
basketball

Schwimmen
înot

Boxen
box

Eishockey
hockey pe gheață

Fußball

fotbal

Badminton

badminton

Leichtathletik

atletism

Handball

handbal

Skifahren

schi

Polo

polo

Aktivitäten
activități

lachen
a râde
springen
a sări
umarmen
a îmbrățișa
gehen
a merge
singen
a cânta
träumen
a visa
beten
a se ruga
küssen
a săruta

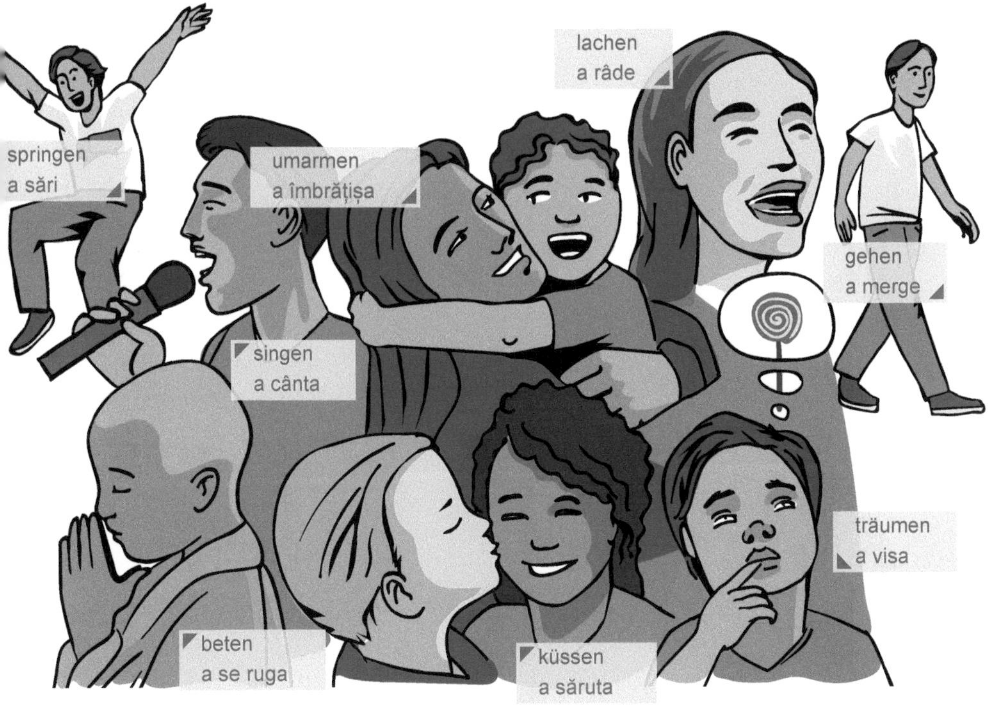

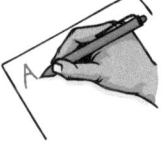

schreiben

a scrie

zeichnen

a desena

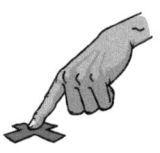

zeigen

a arăta

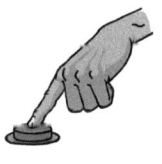

drücken

a împinge

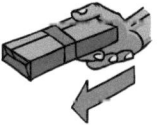

geben

a da

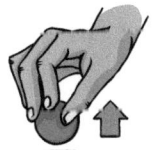

nehmen

a lua

haben
a avea

machen
a face

sein
a fi

stehen
a sta în picioare

laufen
a fugi

ziehen
a trage

werfen
a arunca

fallen
a cădea

liegen
a sta întins

warten
a aștepta

tragen
a purta

sitzen
a ședea

anziehen
a se îmbrăca

schlafen
a dormi

aufwachen
a se trezi

ansehen
a privi

weinen
a plânge

streicheln
a mângâia

frisieren
a se pieptăna

reden
a vorbi

verstehen
a înțelege

fragen
a întreba

hören
a asculta

trinken
a bea

essen
a mânca

zusammenräumen
a face ordine

lieben
a iubi

kochen
a găti

fahren
a conduce

fliegen
a zbura

segeln
a naviga

rechnen
a calcula

lesen
a citi

lernen
a învăţa

arbeiten
a munci

heiraten
a se căsători

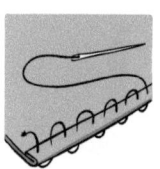

nähen
a coase

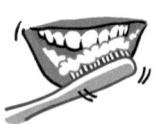

Zähne putzen
a se spăla pe dinţi

töten
a ucide

rauchen
a fuma

senden
a trimite

Familie
familie

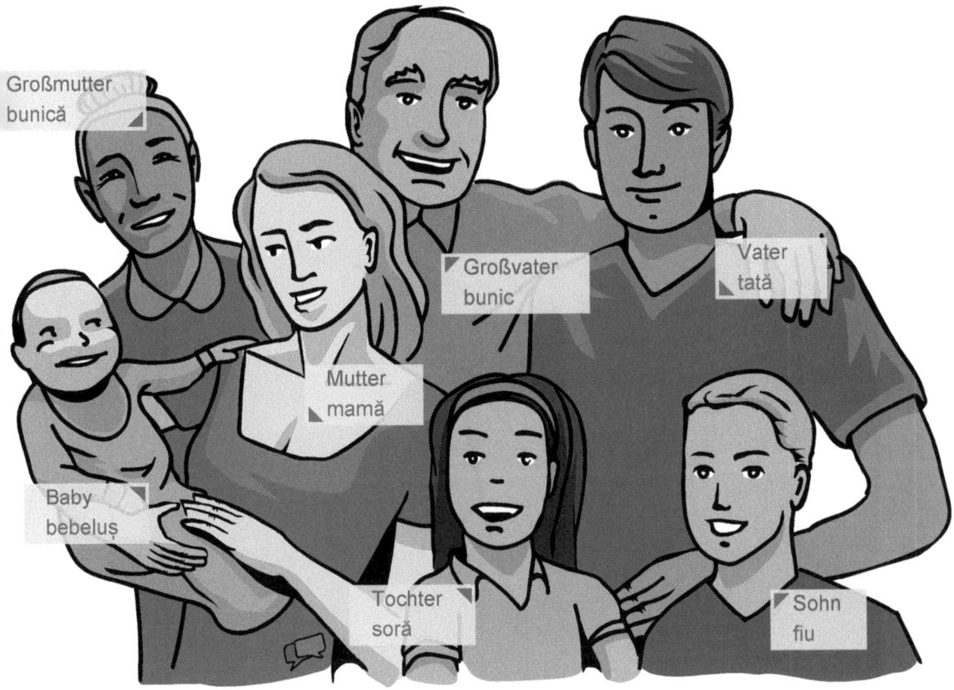
Großmutter
bunică
Großvater
bunic
Vater
tată
Mutter
mamă
Baby
bebeluș
Tochter
soră
Sohn
fiu

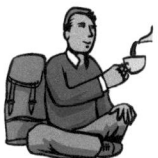

Gast
oaspete

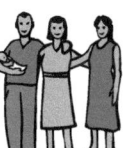

Tante
mătușă

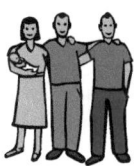

Onkel
unchi

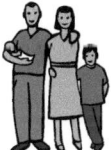

Bruder
frate

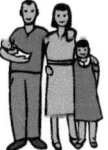

Schwester
soră

Körper

corp

Stirn
frunte
Auge
ochi
Schulter
umăr
Finger
deget
Gesicht
față
Kinn
bărbie
Hand
mână
Brust
piept
Bein
picior
Arm
braț

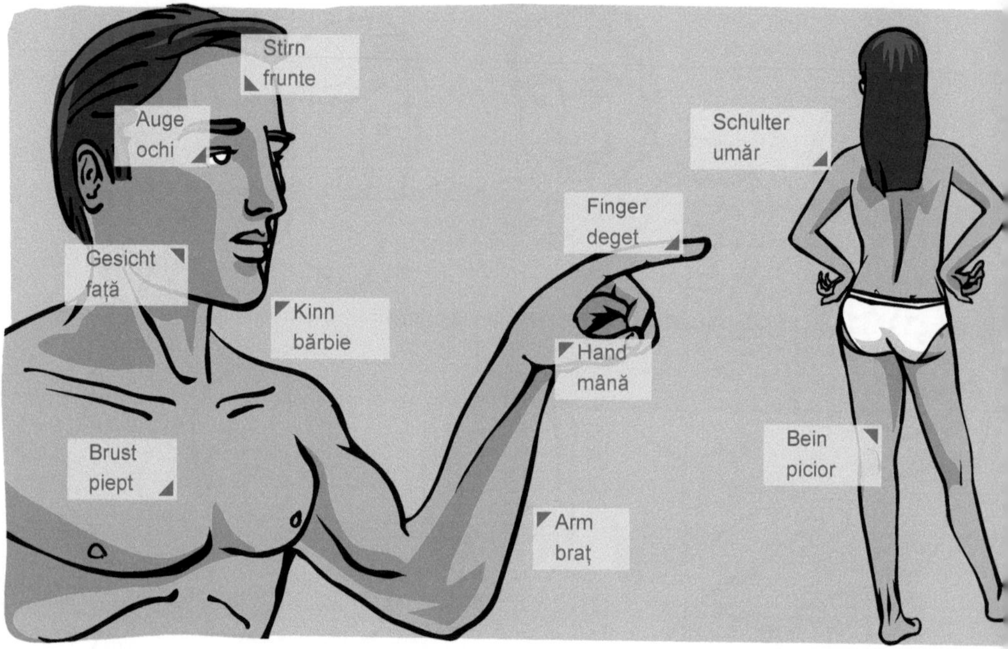

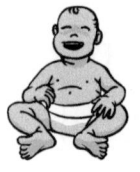

Baby

bebeluș

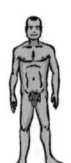

Mann

bărbat

Frau

femeie

Mädchen

fată

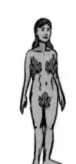

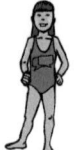

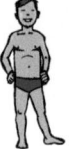

Junge

băiat

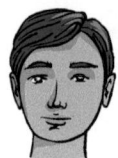

Kopf

cap

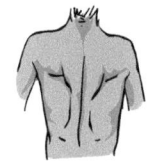

Rücken
spate

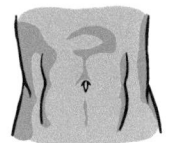

Bauch
abdomen

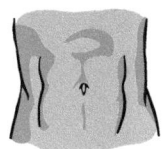

Nabel
ombilic

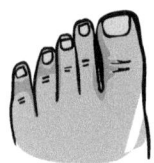

Zeh
deget de la picior

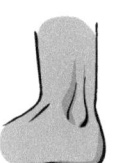

Ferse
călcâi

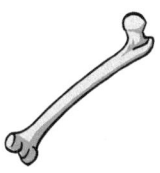

Knochen
os

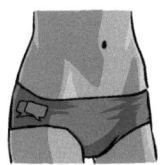

Hüfte
șold

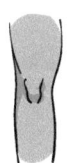

Knie
genunchi

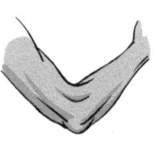

Ellbogen
cot

Nase
nas

Gesäß
fund

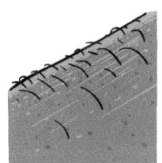

Haut
piele

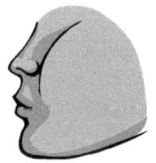

Wange
obraz

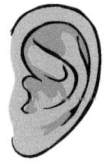

Ohr
ureche

Lippe
buză

Mund

gură

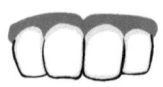

Zahn

dinte

Zunge

limbă

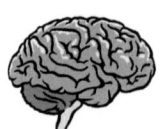

Gehirn

creier

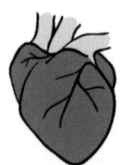

Herz

inimă

Muskel

mușchi

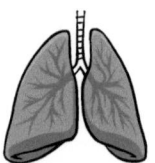

Lunge

plămân

Leber

ficat

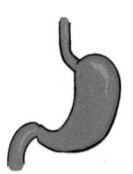

Magen

stomac

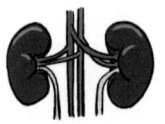

Nieren

rinichi

Geschlechtsverkehr

sex

Kondom

prezervativ

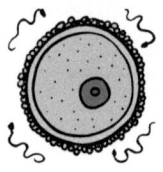

Eizelle

ovul

Sperma

spermă

Schwangerschaft

sarcină

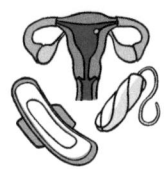

Menstruation

menstruaţie

Vagina

vagin

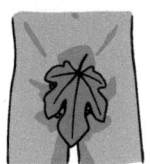

Penis

penis

Augenbraue

sprânceană

Haar

păr

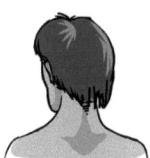

Hals

gât

Spitalspital

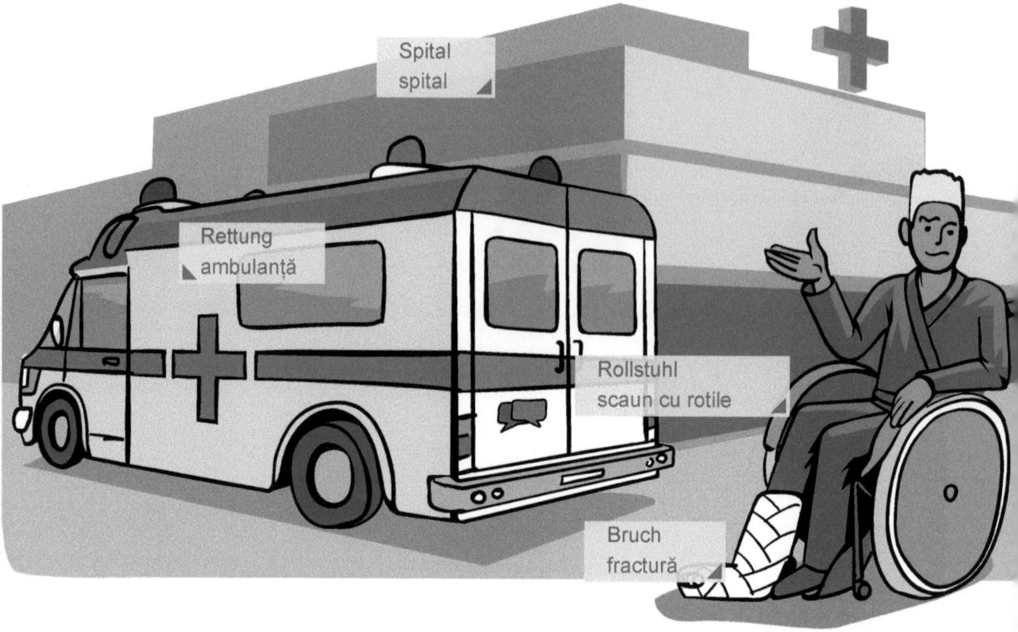

Spital
spital
Rettung
ambulanță
Rollstuhl
scaun cu rotile
Bruch
fractură

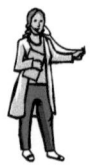

Ärztin

medic

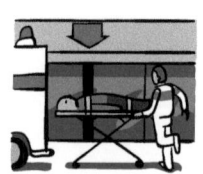

Notaufnahme

unitate de primiri urgențe

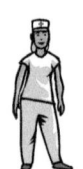

Krankenschwester

soră medicală

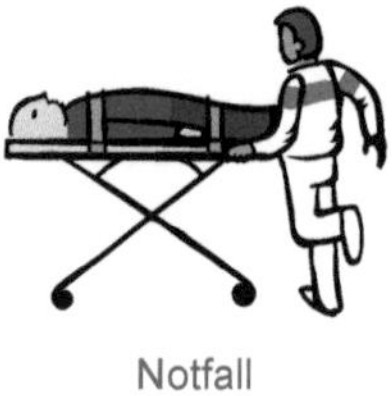

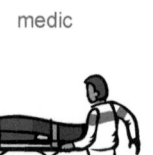

Notfall

urgență

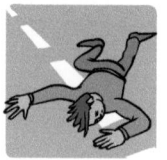

ohnmächtig

inconștient

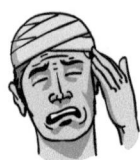

Schmerz

durere

Verletzung

leziune

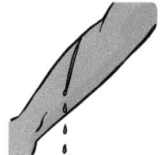

Blutung

sângerare

Herzinfarkt

infarct miocardic

Schlaganfall

atac cerebral

Allergie

alergie

Husten

tuse

Fieber

febră

Grippe

gripă

Durchfall

diaree

Kopfschmerzen

durere de cap

Krebs

cancer

Diabetes

diabet

Chirurg

chirurg

Skalpell

scalpel

Operation

operație

CT

CT

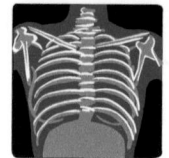

Röntgen

raze Röntgen

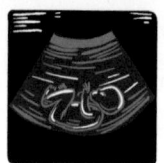

Ultraschall

ultrasunet

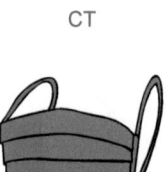

Maske

mască

Krankheit

boală

Wartezimmer

sală de așteptare

Krücke

cârjă

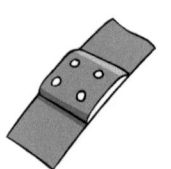

Pflaster

plasture

Verband

bandaj

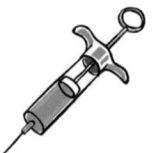

Injektion

injecție

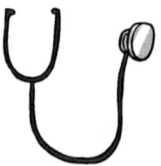

Stethoskop

stetoscop

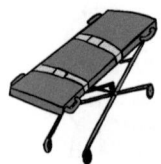

Trage

targă

Thermometer

termometru

Geburt

naștere

Übergewicht

supraponderabilitate

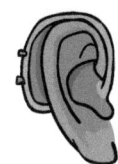

Hörgerät
aparat auditiv

Desinfektionsmittel
dezinfectant

Infektion
infecție

Virus
virus

HIV / AIDS
HIV/SIDA

Medizin
medicină

Impfung
vaccin

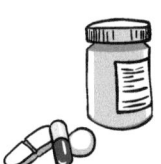

Tabletten
tablete

Pille
pastilă

Notruf
apel de urgență

Blutdruckmesser
aparat de măsurare a
presiunii arteriale

krank / gesund
bolnav/sănătos

Hilfe!

Ajutor!

Alarm

alarmă

Überfall

agresiune

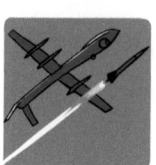

Angriff

atac

Gefahr

pericol

Notausgang

ieșire de urgență

Feuer!

Foc!

Feuerlöscher

extinctor

Unfall

accident

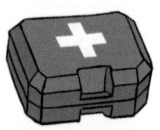

Erste-Hilfe-Koffer

trusă de prim-ajutor

SOS

SOS

Polizei

poliție

Europa

Europa

Nordamerika

America de Nord

Südamerika

America de Sud

Afrika

Africa

Asien

Asia

Australien

Australia

Atlantik

Altantic

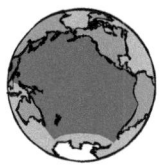

Pazifik

Pacific

Indische Ozean

Oceanul Indian

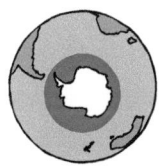

Antarktische Ozean

Oceanul Antarctic

Arktische Ozean

Oceanul Arctic

Nordpol

Polul Nord

Südpol

Polul Sud

Antarktis

Antarctica

Erde

pământ

Land

țară

Meer

mare

Insel

insulă

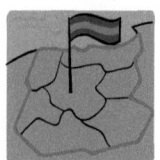

Nation

națiune

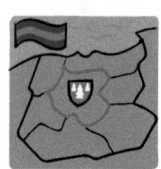

Staat

stat

Ziffernblatt

cadran

Stundenzeiger

orar

Minutenzeiger

minutar

Sekundenzeiger

secundar

Wie spät ist es?

Cât e ceasul?

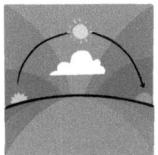

Tag

zi

Zeit

timp

jetzt

acum

Digitaluhr

cead digital

Minute

minut

Stunde

oră

Woche
săptămână

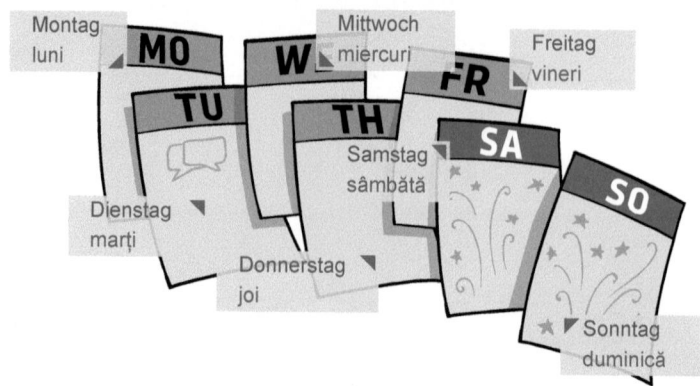

gestern

ieri

heute

azi

morgen

mâine

Morgen

dimineață

Mittag

amiază

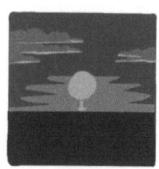

Abend

seară

MO	TU	WE	TH	FR	SA	SU
1	2	3	4	5	6	7
8	9	10	11	12	13	14
15	16	17	18	19	20	21
22	23	24	25	26	27	28
29	30	31	1	2	3	4

Arbeitstage

zile lucrătoare

MO	TU	WE	TH	FR	SA	SU
1	2	3	4	5	6	7
8	9	10	11	12	13	14
15	16	17	18	19	20	21
22	23	24	25	26	27	28
29	30	31	1	2	3	4

Wochenende

week-end

Jahr
an

Regenbogen
curcubeu
Regen
ploaie
Schnee
zăpadă
Wind
vânt
Frühling
primăvară
Herbst
toamnă
Sommer
vară
Winter
iarnă

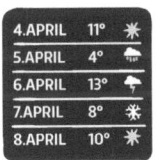

4.APRIL 11°
5.APRIL 4°
6.APRIL 13°
7.APRIL 8°
8.APRIL 10°

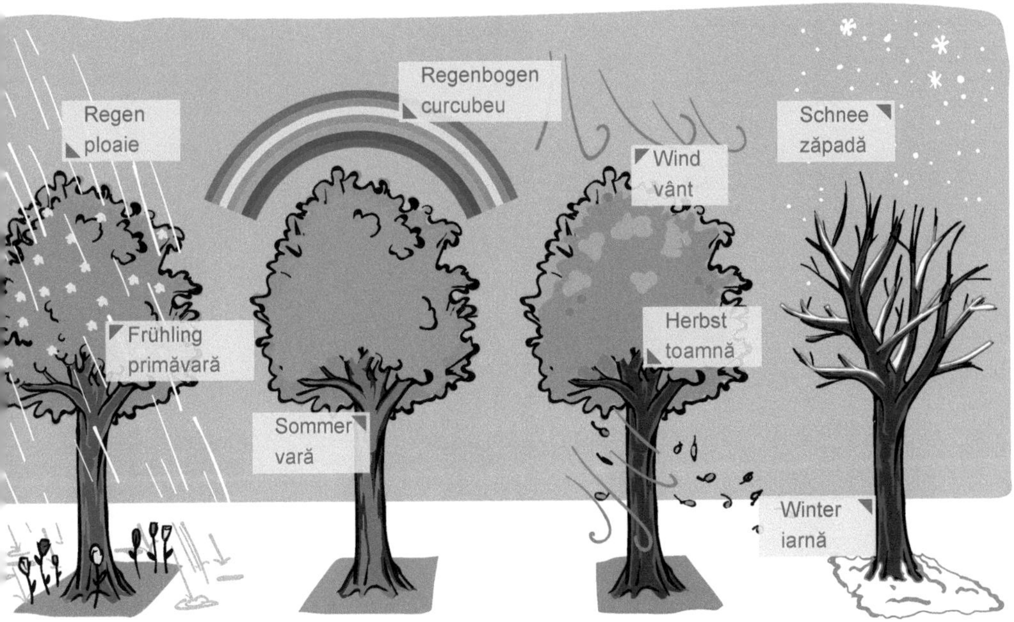

Wettervorhersage
prognoză meteo

F C
120 40
90 30
60 20
30 10
0 0
-30 -10
-20

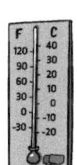

Thermometer
termometru

Sonnenschein
lumina soarelui

Wolke
nor

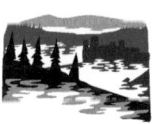

Nebel
ceață

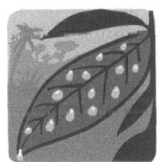

Luftfeuchtigkeit
umiditate a aerului

Blitz

fulger

Donner

tunet

Sturm

furtună

Hagel

grindină

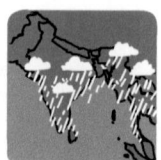

Monsun

muson

Flut

inundație

Eis

gheață

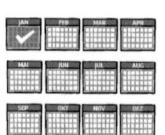

Jänner

ianuarie

Februar

februarie

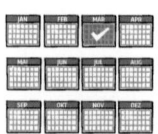

März

martie

April

aprilie

Mai

mai

Juni

iunie

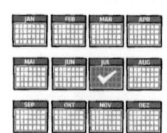

Juli

iulie

August

august

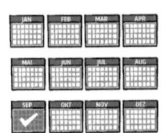

September
....
septembrie

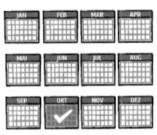

Oktober
....
octombrie

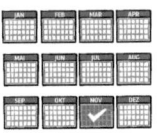

November
....
noiembrie

Dezember
....
decembrie

Formen
forme

Kreis
....
cerc

Quadrat
....
pătrat

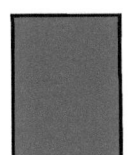

Rechteck
....
dreptunghi

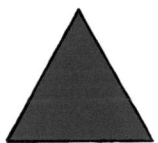

Dreieck
....
triunghi

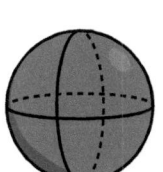

Kugel
....
sferă

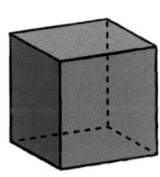

Würfel
....
cub

weiß

alb

gelb

galben

orange

portocaliu

pink

roz

rot

roșu

lila

violet

blau

albastru

grün

verde

braun

maro

grau

gri

schwarz

negru

viel / wenig

mult/puțin

wütend / friedlich

furios/calm

hübsch / hässlich

frumos/urât

Anfang / Ende

început/sfârșit

groß / klein

mare/mic

hell / dunkel

luminos/întunecat

Bruder / Schwester

frate/soră

sauber / schmutzig

curat/murdar

vollständig / unvollständig

complet/incomplet

Tag / Nacht

zi/noapte

tot / lebendig

mort/viu

breit / schmal

lat/strâmt

genießbar / ungenießbar

comestibil/necomestibil

böse / freundlich

rău/prietenos

aufgeregt / gelangweilt

emoționat/plictisit

dick / dünn

gras/slab

zuerst / zuletzt

primul/ultimul

Freund / Feind

prieten/inamic

voll / leer

plin/gol

hart / weich

tare/moale

schwer / leicht

greu/ușor

Hunger / Durst

foame/sete

krank / gesund

bolnav/sănătos

illegal / legal

ilegal/legal

gescheit / dumm

inteligent/stupid

links / rechts

stânga/drepta

nah / fern

aproape/departe

neu / gebraucht

nou/uzat

nichts / etwas

nimic/ceva

alt / jung

bätrân/tânăr

an / aus

pornit/oprit

offen / geschlossen

deschis/închis

leise / laut

încet/tare

reich / arm

bogat/sărac

richtig / falsch

corect/fals

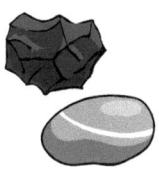

rau / glatt

aspru/neted

traurig / glücklich

trist/fericit

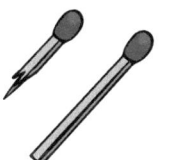

kurz / lang

lung/scurt

langsam / schnell

încet/repede

nass / trocken

ud/uscat

warm / kühl

cald/rece

Krieg / Frieden

război/pace

Zahlen

cifre

0

null

zero

1

eins

unu

2

zwei

doi

3

drei

trei

4

vier

patru

5

fünf

cinci

6

sechs

șase

7

sieben

șapte

8

acht

opt

9

neun

nouă

10

zehn

zece

11

elf

unsprezece

12

zwölf
douăsprezece

13

dreizehn
treisprezece

14

vierzehn
paisprezece

15

fünfzehn
cincisprezece

16

sechzehn
șaisprezece

17

siebzehn
șaptesprezece

18

achtzehn
optsprezece

19

neunzehn
nouăsprezece

20

zwanzig
douăzeci

100

hundert
o sută

1.000

tausend
o mie

1.000.000

Million
un milion

Englisch

engleză

Amerikanisches Englisch

engleză americană

Chinesisch (Mandarin)

chineza mandarină

Hindi

hindi

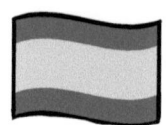

Spanisch

spaniolă

Französisch

franceză

Arabisch

arabă

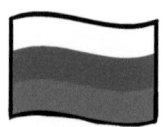

Russisch

rusă

Portugiesisch

protugheză

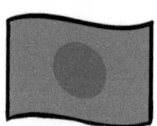

Bengalisch

bengaleză

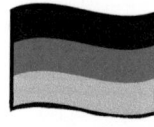

Deutsch

germană

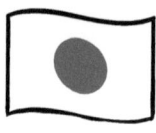

Japanisch

japoneză

ich
eu

du
tu

er / sie / es
el/ea

wir
noi

ihr
voi

sie
ea

Wer?
cine?

Was?
ce?

Wie?
cum?

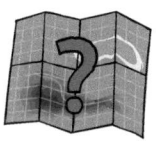

Wo?
unde?

Wann?
când?

Name
nume

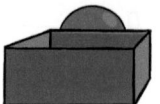

hinter

în spate

in

în

vor

înainte

über

peste

auf

pe

unter

sub

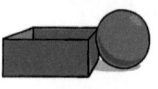

neben

lângă

zwischen

între

Ort

loc